Cenni storici e statistici sopra l'isola della Giudecca.

Michele Battagia

The BiblioLife Network

This project was made possible in part by the BiblioLife Network (BLN), a project aimed at addressing some of the huge challenges facing book preservationists around the world. The BLN includes libraries, library networks, archives, subject matter experts, online communities and library service providers. We believe every book ever published should be available as a high-quality print reproduction; printed on- demand anywhere in the world. This insures the ongoing accessibility of the content and helps generate sustainable revenue for the libraries and organizations that work to preserve these important materials.

The following book is in the "public domain" and represents an authentic reproduction of the text as printed by the original publisher. While we have attempted to accurately maintain the integrity of the original work, there are sometimes problems with the original book or micro-film from which the books were digitized. This can result in minor errors in reproduction. Possible imperfections include missing and blurred pages, poor pictures, markings and other reproduction issues beyond our control. Because this work is culturally important, we have made it available as part of our commitment to protecting, preserving, and promoting the world's literature.

GUIDE TO FOLD-OUTS, MAPS and OVERSIZED IMAGES

In an online database, page images do not need to conform to the size restrictions found in a printed book. When converting these images back into a printed bound book, the page sizes are standardized in ways that maintain the detail of the original. For large images, such as fold-out maps, the original page image is split into two or more pages.

Guidelines used to determine the split of oversize pages:

• Some images are split vertically; large images require vertical and horizontal splits.
• For horizontal splits, the content is split left to right.
• For vertical splits, the content is split from top to bottom.
• For both vertical and horizontal splits, the image is processed from top left to bottom right.

CENNI

STORICI E STATISTICI

SOPRA L'ISOLA

DELLA GIUDECCA

VENEZIA
DALLA TIPOGRAFIA DI G. B. MERLO
MDCCCXXXII

A CHI LEGGE

Se coloro tutti fra' Veneti, che alla patria portano amore, godono in veggendo pubblicati que' libri, che illustrano anche in menoma parte la magnifica città di Venezia, o le nobili viniziane provincie; io non dubito, ch' essi mi sapranno buon grado della edizione di questa operetta a me dal suo Autore cortesemente donata. La novità dell'argomento, il modo con cui è maneggiato, non possono non procurarle favore, massime appo i forestieri, i quali, oltrechè ritrarne la storia d'una famosa isolata parte di Venezia e raccogliere l'antico e moderno stato della medesima, vi rinverranno una scorta che li condurrà a conoscerne i principali e più pregevoli obbietti. Vivi felice.

CENNI
STORICI E STATISTICI
SOPRA L'ISOLA
DELLA GIUDECCA

LETTI NELL'ATENEO DI VENEZIA
DAL MEMBRO ORDINARIO SIGNOR MICHELE BATTAGIA
NELL'ADUNANZA DEL LUNEDÌ 18 GIUGNO 1832

INDICE DEI PARAGRAFI

I.   Introduzione, e motivo di stendere que-
      sti cenni . . . . facc. 7

II.   Origine di Venezia . . . . » 9

III. Ragione per cui la Giudecca non è
      congiunta al pieno della città, » 11

IV.   Origine e avanzamenti dell'isola, no-
      mata a principio Spinalonga. » 12

V.   Il perchè mutò nome . . . . » 14

VI.   Sua posizione, grandezza, figura e
      salubrità . . . . » 15

VII. Numero, proventi ed indole degli
      abitanti . . . . » 19

VIII. Quali templi vi sussistevano un tem-
      po, e quali adesso . . . » 22

IX.   Tempio del SS. Redentore . . » 26

X.   Palagi nell' Isola . . . . » 28

XI.   Sue glorie letterarie . . . . » 31

XII. Condizione presente dell' Isola. » 36

XIII. Disposizione e prodotti de' suoi
      orti . . . . » 38

XIV. Proseguimento della condizione pre-
      sente dell' Isola . . . . » 42

XV.   Conclusione . . . . » 44

§. I.

INTRODUZIONE, E MOTIVO DI STENDERE QUESTI CENNI.

Nell'Adunanza Ordinaria del giovedì 20 gennajo del prossimo andato anno ebbi l'onore, Accademici Prestantissimi, di sottoporre al fino Vostro accorgimento un saggio delle Lezioni morali, che sto io componendo sopra ogni capitolo dell'opera di Valerio Massimo, a fine di renderla, coi sicuri lumi del cristianesimo, vie più utile ai costumi; giacchè è certo che quel buon Gentile nel tesserla non ebbe in veduta che di presentare al pubblico un trattato di filosofia morale esemplificata. Voi applaudiste allora benigni al mio disegno; ed io impertanto mi feci assiduo a proseguire il lavoro; ond'è avvenuto, che abbandonato il pensiero d'altro studio, non avrei oggi potuto certamente a Voi presentarmi, se non con alcuna di tali lezioni, quando tra' miei scritti non ne avessi uno ritrovato, il quale contiene in sè della novità, e potrà forse offerire qualche erudizione patria non più intesa. E' questo un ragionamento intorno all'isola della Giudecca (1), al quale ho creduto convenire il titolo di Cenni, perchè se mi fossi messo a trattare l'argomento partitamente in tutta la sua estensione, opera essa sarebbe stata di lungo e laborioso dettato. Siccome poi non v'ha azione, che si operi dagli esseri intellettuali senza un fine a cui abbia essa riguardo; egli è impertanto che vi esporrò il mio in tale assunto. Nel mezzo quasi del prospetto di detta isola leggiadramente torreggia la divina opera del gran Palladio, per cui la terra ove poggia è, e sarà mai sempre ricordata appo le nazioni incivilite; nè c'è culto viaggiatore, che non sia desievole di colà recarsi a vedere quel tanto celebrato prodigio dell'arte architettonica. La rinomanza perciò dell'isola, e l'affluenza de'forestieri, che del continuo la visitano m'indussero ad illustrarla, per questo che se ne conoscano dovunque l'origine, i progressi, il dicadimento ed i principali pregi, e si sappia all'ultimo quale di essa sia la presente condizione: il che ai nipoti nostri spezialmente, se, com'è a sperarsi, delle cose patrie volonterosi, non sarà al certo discaro. E tanto più di buona voglia ho dato a ciò mano, in quanto che avendo io ivi soggiornato a dolce diporto tre anni circa, ebbi agio di conoscere per me medesimo molte cose, e altre sentire assai utili all'uopo. Ecco lo scopo a cui io mirai nello stendere questo picciolo lavoro. L'intendimento poi di assoggettarlo a questa illustre Adunanza quello si è, perchè a guada-

gno e decoro del patrio argomento, abbiate la bontà, Valorosi Accademici, di proferir giudicio intorno alle cose esposte, e, qualor non vi spiaccia, in-
segnamenti porgermi nelle tralasciate.

§. II.

ORIGINE DI VENEZIA.

Se lecito fosse all'uomo di esplorare gli alti ar-
cani della providenza divina, oserei quasi affermare
che il Fabbricator sapientissimo di tutti gli enti
impose già tali precetti alla natura del paludoso
fondo di questa adriaca laguna, e alle varie acque,
che ab antico vi scorrevano sopra e tramezzo, da
preparare un comodo sito, nel quale sorger dovesse
dappoi una città a Lui devota, e della sua santa
fede mai sempre ferma sostenitrice; una città, che
senza nota di usurpo e violenza divenisse sede di
una repubblica, saggia dominatrice di molto mare
e di molta terra; una città finalmente, che acco-
glier generosa dovesse, e coltivare senza posa e pro-
teggere le scienze tutte, le lettere e le arti. Di fatto, non sì tosto che l'Italia nella prima metà del
quinto secolo dell'era cristiana venne infestata da
numerose orde di Barbari, e da Attila re degli Unni
segnatamente, tutti i nobili e doviziosi delle colo-

nie delle città venete, i quali tor via si poterono
dalle stragi e dagl'incendi, concorsero con altri
ancora del minuto popolo a rifugiarsi in questi for-
tunati·riposi del mare, ove sapevano già di non
abbattersi che in poche casuccie di legno, collocate
sopra scanni e barene separate da piccioli rivoli, le
quali casuccie di ricovero servivano a poveri pe-
scatori, che di pesce fornivano le vicine terre. E sopra questi scanni, su queste barene, circondate da
un ben distante litorale, avente porti di mare e im-
boccature di fiumi, opera stupenda della natura,
edificarono a poco a poco, sotto gli auspicj della
vera religione, questa maravigliosa città, che sembra emergere dal sen dei flutti, feconda di begl'ingegni, e le isolette pure edificarono, che le fan vaga
corona, degna ognuna di particolare accurata illu-
strazione. Se non che, ad un occhio filosofico riesce ancor più mirabile il perfettissimo governo che
vi fondarono, per la santità soltanto delle leggi,
e l'onestà nell'oprare giunto a invidiata grandezza
di Stato; il quale con la tanto decantata politica,
più che per la forza dell'armi, seppe poi per quat-
tordici secoli amplo conservare, presentando in uno
ad ogni stagione innumerabili illustri esempi di
virtù e di coraggio.

§. III.

RAGIONE PER CUI LA GIUDECCA NON E' CONGIUNTA AL PIENO DELLA CITTA'.

La più grande delle indicate isolette sparse d'intorno a Venezia, e che furono del continuo nella città comprese, quella si è della Giudecca, la quale, per la sua ampiezza appunto e popolazione, venne costituita in parrocchia, e da quando la città fu divisa in sestieri, formò costantemente parte del sestier di Dorsoduro, a cui è prossima. Che se il doge Angelo Participazio, trasferendo egli la sede del governo da Malamocco a Rialto, dopo la memorabile vittoria ottenuta nel 810, o secondo altri 814, contro il re Pipino, non la unì allora, per via di ponte di legno, al pieno della città, siccome fece delle altre isolette, che la compongono, ciò provenne al certo dall'ampiezza del canale, che ne la separa, capace di sostenere i più grossi navigli, chiamato ne' tempi addietro Vigano, e anche de' Marani. Ciò non ostante, è noto che nel principio dello andato secolo (tempo in cui l'isola era in fiore) fu giudiziosamente messa in campo dal famoso P. Vincenzo Coronelli la prefata unione; ma ignoro la ragione per cui non fu mandato ad esecuzione il progetto (2).

§. IV.

ORIGINE E AVANZAMENTI DELL'ISOLA, NOMATA
A PRINCIPIO SPINALONGA.

A formare questa isola, chiamata una volta Spinalonga, perch'è di figura bislunga, e forse anche
perchè in gran parte coperta fosse di spinosi cespu-
gli; a formare, diceva, questa isola diede luogo al
pari che le altre una linea di scanni e barene separate da rivoli, sopra il qual volubile terreno è ragionevole a credersi che vi fossero alcune lignee
casuccie, che servito pur abbiano di asilo a coloro,
che dalle barbariche persecuzioni fuggirono; i quali
io conghietturo essere provenuti da Chioggia e da
Malamocco; imperciocchè gli abitanti indigeni pro-
nunciano a lungo, poco men che quelle genti, le
lettere accentate, e alcune di quelle forme di dire
e di operare ritengono. Là, adunque si cominciò
tosto a interrar piscine e vasche di acqua stagnan-
te, ad assodar paludi, e a fabbricar case: ma non
prese essa buona forma, se non quando accadde
il dianzi indicato trasferimento. Fu d'allora che
di dì in dì andò sempre più ringrandendo; e ciò
che contribuì massimamente allo avanzamento di
lei si fu la premura che nell'anno 880 (come le

cronache e storie nostre raccontano) si diede il doge
Orso I. Partecipazio, per rendere abitato molto terreno della città nascente, che ancora voto restava,
concessa avendo imperciò l'isola a dimora delle tre
potenti famiglie Barbolani, Iscoli e Selvi, restituite
in patria dopo il sofferto bando per delitto gravis-
simo; non che l'essersi, molto dappoi, parecchie
nobili e ricche famiglie trasferite di tempo in tempo colà ad abitare, allettate sì dalla tranquillità del
soggiorno, dallo incanto delle vedute, dall'aere ven-
tilato, e dall'amenità degli orti e de' giardini; ma
più assai, è a credersi, dalla premura di abitare
presso le loro merci di gran valore, che custodite
venivano nei magazzini dell'isola, per la facilità,
spezialmente di approdarvi le navi e le galee, che
da varie lontane regioni arrivavano, dagl'individui
delle famiglie stesse governate (3). Per le quali ragioni, col correr de' secoli, accrebbe sì e per tal
modo l'isola in popolazione, in nobili templi, in
palagi, in monasterj ed altri edifizj, in manifatture,
in botteghe, in traffico, in orti fecondi di erbaggi
e frutta, e finalmente in vaghi giardini, da non aver
essa a portare invidia a nessun'altra parte della
città: anzi questi stessi orti e giardini, prima della
costruzione di quelli a Castello, attraevano quivi la
state a sollazzo gran numero di persone, che lascia-
vano non poco denaro speso in gozzoviglie, e buon

guadagno a tradurvele facevano i gondolieri e bat-
tellanti, pressochè tutti dell'isola abitatori.

§. V.

IL PERCHE' MUTÒ NOME.

La ragione poi per cui il nome di Spinalonga,
dato in origine all'isola, siasi parecchi secoli dappoi mutato in questo di Giudecca, nel dialetto nostro detta Zueca, non porta essa ancora una morale certezza; nondimeno, che che se ne dica in
contrario dal Temanza (4) e da altri, è da ritenersi
col Sansovino (*Venez. Descritt.*), seguito dall'eruditissimo ab. Gallicciolli (*Memor. Venez.*), per
opinione più probabile e più ragionevole, che i primi Giudei, che stanziarono a Venezia, essendosi
per avventura accasati in quell'isola, furono causa
e origine di tale mutazione; perchè spesso da prin-
cipj molto tenui sorgono costumi ed usi assai radi-
cati. E questa opinione riceve forza, prima dall'essersi trovata, pochi anni sono, in un casamento
non molto discosto dalle Zitelle, una pietra della
grandezza di un piede quadrato circa, con caratteri
ebraici incisi sopra un lato di essa (la qual pietra,
caduta in mano di persona ignorante, andò smar-
rita); poi, dal trovarsi in Ferrara una contrada detta

Giudecca, appunto per abitarvi di quella nazione; finalmente dalla costante universal tradizione degl'isolani, che indicano con aspetto di fidanza i luoghi per fino dove Ebrei abitarono, già mostrati dai lor maggiori. A malgrado di ciò v'ha chi dice, non so con qual fondamento, che l'isola chiamavasi Giudecca prima ch'Ebrei a Venezia soggiornassero. E ciò anche concesso; a darle la nuova denominazione bastar non poteva forse egualmente che pochi Ebrei si fossero per qualche negozio ivi trasferiti a far dimora alquanto tempo, senz'aver essi tenuto forma veruna di ghetto? (il quale dicesi avere avuto qui origine nel principio del secolo XVI), tanto più, che sito era quello di lor comodo, e di loro interesse, per l'abbondanza delle merci, che vi erano depositate.

§. VI.

SUA POSIZIONE, GRANDEZZA, FIGURA E SALUBRITA'.

Ma, se con lo andar de'secoli perdette il suo originario nome, non perdette però del pari la sua configurazione; imperciocchè è piantata, in varii tempi come or la si vede, sopra quel terreno, dai medesimi antichi rivi in più parti diviso, già preparato lunga pezza prima da naturali combinazio-

ni. E quantunque i disgiungimenti non sieno tutti
stati sempre uniti da ponti, come ora sono; essen-
dochè s. Biagio (ultima isoletta fondata) era, con-
forme narrano i cronisti, disgiunta, a quella guisa
che lo era s. Croce, secondo l'antica mappa pubblicata dal Temanza, e solo nel 1340 siasi statuito
di construire il ponte-lungo, ch'è di legno (*Gallicciolli l.c.*), nondimeno venne ognor tenuta per una
sola isola, sotto lo stesso nome. Ha essa rivolta la
fronte a settentrione, e quindi stendesi per lungo
al mezzogiorno dell'altra parte di Venezia, detta
le Zattere, e gareggiando con quella in lunghezza,
anzi superandola, le cammina dirimpetto, segnan-
do una spezie di curva piacevole a riguardarsi: *Ju-
daicae frons* (scrive il Sabellico, *De venetae urbis
situ*), *ad occasum versa Divo* (Raphaeli) *valde
contra respondet: est vicus hic, aut insula potius
duobus ferme stadiis ab urbe, ut dixi, direpta,
quae in longum ad mille passus protenta, circa
medium devexa; cornibusque hinc inde paululum
reductis, theatralem pene exprimit formam: ur-
bicae itaque longitudinis aemula, hinc longe ad
ortum cum ea excurrit, donec victa ad Georgii
fanum subsistat, tota ferme habitatur: etc.* A levante è pochi passi discosta dalla magnifica e famosa isola di s. Giorgio Maggiore; ed il canale, che
ne la separa, ha forma quasi di porto, pel quale

si entra in laguna: a ponente guarda l'isola di
s. Giorgio in Alga: e a mezzogiorno ha la laguna
di rincontro. Otto parti da rivi divise, e congiunte
per mezzo di ponti, quali di pietra e quali di legno, la compongono. Dal lato di tramontana, ove
sono in ordinanza le migliori case, le cospicue fabbriche e le botteghe, presenta una inseliciata riviera, ove più ed ove meno spaziosa, che va da un
capo all'altro, la quale offre un facile e ridente pas-
seggio, per alcune soprattutto di quelle vedute, che,
come lasciò scritto il cel. ab. Lanzi (*Stor. Pittor.
dell' Ital.*), *la natura e l'arte cospirando insieme
han rese le più magnifiche e le più nuove del mondo.* Al mezzogiorno non c'è strada di sorta alcuna;
ma sì bene, quel lato osservando da una barca, orti
vi si ravvisano sempre e giardini, che sono pro-
piamente una festa dell'occhio, massime nella stagione, in cui fiorisce il melagrano, che in molti siti
è a guisa di siepe; e parecchi nobili biancheggianti
casini pur vedonsi, ove di quando in quando an-
davano nelle belle stagioni a ricrearsi alcune delle
primarie famiglie della nobiltà veneziana, tra' quali, e per construzione e per ornamenti, quello di-
stinguevasi, non lungi dalle Convertite, dell'illustre
famiglia Pisani di s. Stefano; nel qual casino il cav.
Alvise procurator di s. Marco, nell'anno 1784 fe-
steggiò, a onor della patria principalmente, con

cena, cantata di donzelle tolte dai quattro grandi
spedali della città, e giardino leggiadramente illuminato, Gustavo Adolfo re di Svezia, nel quale spet-
tacolo concorsero a gara ricchezza, profusione e buon
gusto, lasciando indeciso a quale doveasi la mag-
gioranza. Nè l'altro casino è da tacersi, presso la
Croce, abitato negli anni ultimi di sua vita da Cat-
tarin Cornaro, egregio e splendidissimo gentiluomo
nostro, dove leggesi inscrizione, che avvisa avere
nella bene ornata annessavi chiesetta celebrato il
Sommo Pontefice Pio VII di gloriosa perpetua ri-
cordanza; per la cui esaltazione (seguita il dì 14
marzo dell'anno 1800 nell'isola di s. Giorgio Maggiore), si celebrò l'anno appresso solenne rendi-
mento di grazie nella chiesa del ss. Redentore, con
forbito discorso recitato dal M. R. P. Marino da Ca-
dore provinciale cappuccino, e dedicato allo stesso
supremo Gerarca dal soprallodato gentiluomo. La
lunghezza dell'isola è di passi veneti 1050 circa,
e la maggior larghezza, ch'è alle Convertite, di
passi 190. Si calcola che la metà sia al ponte-lungo; dal qual sito sino a s. Biagio, ch'è a ponente,
vi sono nell'interno la maggior parte delle abita-
zioni, e quindi della popolazione. Nell'altra metà
dimorano appena dugento famiglie; perchè gran
numero di case ridotte vennero a magazzini, e a
terreni di coltivazione. Quanto poi alla salubrità

dell'aere (osservazione da non omettersi in questi cenni), esso è il più sano, che si respiri nella città, perchè libero da ogni lato, e soave reso la primavera e la state dall'olezzar de' fiori e delle piante. Questo bensì, che fa di mestiere vivervi con riguardi; intendo dire, che si dee prima cercar di evitare un lungo soggiorno nella parte di tramontana, massimamente nelle stagioni dell'autunno e del verno; poi, di non esporsi al gagliardo soffiar de' venti (da' quali l'isola in quel lato è percossa) quando in particolare si è in soverchia traspirazione. Ed è impertanto ben trista la sorte dei bottegaj, e di tutti quelli, che in forza delle loro professioni costretti sono a passar le ore del giorno, e parte della notte su quella riviera; imperciocchè, sebbene assuefatti sieno a frequentarla sin quasi dalla prima età, e di cautelarsi possibilmente procurino, nulladimeno non possono esimersi dallo andare sovente sottoposti a malattie di petto, e a febbri periodiche.

§. VII.

NUMERO, PROVENTI ED INDOLE DEGLI ABITANTI.

Giacchè ho accennato poco fa le situazioni dell'isola più e meno abitate, fia cosa opportuna di qui tener discorso sul numero degli abitanti, sui

mezzi di lor sussistenza, ed indole. Nel princípio
del secolo xviii, gli abitatori ascendevano a 8000
circa, nel qual numero, come si è detto, parecchie
famiglie patrizie entravano, e molte altre, che, per
via del traffico e della navigazione, con barche pro-
pie, per la Dalmazia singolarmente, godevano di
uno stato comodo e agiato. Se non che, l'essersi,
nella notte del dì 27 agosto dell'anno 1702, som-
merso nell'onde, per improvisa burrasca, Agostino
Nani del fu Antonio, proc. di s. Marco, di anni 43,
nell'isola dimorante (come si ha dai registri mor-
tuarj della parrocchia), mentre attraversava il canale ritornando dal senato, determinarono le famiglie patrizie, che pur là dimoravano (forse allora
dal verno in fuori) di traspiantarsi onninamente
quando una, e quando l'altra all'opposta parte della città, a fine di schifare così fatti mortali perico-
li; e con esse dipartirono i loro aderenti, e non
molto stante alcune famiglie facultose altresì, dal
funesto avvenimento impaurite. Menomata allora
impertanto la popolazione di quasi tutta la più elet-
ta parte, diminuirono per conseguenza le officine
ed il consumo: ciò non ostante reggevasi l'isola
con bastevol fortuna, quando la cessazione del Governo Veneto, e la soppressione dappoi de'Claustrali le diedero l'ultimo crollo, per cui il complessivo
numero degli abitatori è ora di circa 3000; e que-

sti neppure tutti nativi, ma mescolati sono con assai contadini delle nostre provincie, e spezialmente del Friuli, i quali, per la massima parte astretti
dalla fame, abbandonano i loro casolari e le sterili
montagne, a cagione di procacciarsi quivi il vitto
col lavoro segnatamente degli orti. Dall'epoca fa-
tale si contano nella popolazione da venti famiglie
benestanti; e delle altre, alcune soccorse vengono
dalla pubblica beneficenza, ed il maggior numero,
tranne i bottegaj, menano miseramente lor vita
coi lavori del canape e delle corde, nel conciar
pelli, con la pescagione, con l'affaticare negli orti,
col remigare, e in ultimo con l'imbarco e sbarco
delle merci, che ne' magazzini entrano di frequen-
te, o da essi escono. In mezzo però a tanta inopia,
il culto esterno della loro chiesa parrocchiale viene con molto decoro sostenuto per le loro sponta-
nee offerte; e di più, ogni volta che si ordina ge-
nerale illuminazione della città, la eseguiscono essi
mirabilmente. E quanto all'indole del popolo minuto, siccome i più di essi discendono da maggiori avvezzi ai rischi del mare, e da ciò coraggio-
si, e molti de' viventi, in figura di semplici mari-
naj, lo hanno pur sovente solcato anche in ben
lontane provincie; così è, che alla naturale viva-
cità veneziana grande ardire uniscono: laonde, mi
vien fatto credere che in passato si dessero a cono-

scere alquanto rissosi; ma che, sia detto a lor lo-
de, mediante le vigili cure delle publiche autorità,
si raffrenino ora, e tranquillamente si sottomettano
alle discipline salutari. A questo passo torna bene
il notare, che gli abitanti di questa isola, quantunque parrocchia essa sia unita al sestier di Dorsoduro, non formarono tuttavia giammai parte di alcuna delle due antichissime fazioni, chiamate dei
Castellani una, l'altra dei Nicolotti: ma in vece
servivano sovente di arbitri nelle discrepanze, che
alle volte insorgevano tra coloro pe' giuochi di for-
ze e moresca, o, quando usavansi, per le battaglie
di pugni, o per le disfide a regata di barchette.

§. VIII.

QUALI TEMPLI VI SUSSISTEVANO UN TEMPO,
E QUALI ADESSO.

Dopo di avere io sin qua discorso sull'origine,
progressi, dicadimento ed altri particolari di questa isola, passerò i suoi principali pregi a notare,
prendendo le mosse dalle fabbriche. Non v'ha uomo di buon senno, che giugnendo a Venezia, e vi-
ste che ne abbia le pubbliche e private cospicue
fabbriche, non sia messo in necessità di persuader-
si, comechè ignaro al tutto delle cose nostre egli

fosse, che tanto il Governo, quanto gli ottimati di
ricchezze abbondassero, e coltivatori e favoreggia-
tori fossero dei bei studi (5), non che la religione
in molte foggie magnificamente onorassero. Questa
verità luminosa la porge in prima il preziosissimo
tempio a s. Marco dicato; la porge l'adiacente pa-
lagio, e per ingegnosa e ferma architettura, e per
ricchezza e leggiadria di ornamenti, degno di stu-
pore; la porgono le nobilissime fabbriche, che ador-
nano, o meglio, che dan magica forma alle due con-
tigue piazze: oggetti di sempre nuove considera-
zioni per le anime formate al bello e al buono; la
porge il lungo maestoso canale, che ti presenta
a ogni poco dai due lati quelle superbe moltiforme
moli, che sembran voler gareggiare con l'eternità
a gloria dell'ingegno umano (6); la porgono, das-
sezzo, e il marmoreo grandioso ponte; e il magni-
fico colossale tempio ad onore innalzato di Santa
Maria della Salute, e molti appresso nobilissimi
e sontuosi templi e profani edifizj, pe' quali, e per
altri innumerabili celebri oggetti, alle belle arti
spettanti, la città nostra viene a ragione risguarda-
ta qual nuova Atene, e per una galleria di cose ra-
re e pregiate tenuta. L'isolata parte di Venezia,
della qual parte io ora parlo, contiene parimenti
fabbriche tali da rendere pur esse chiara testimonianza della pietà, della dovizia e del genio de' Ve-

neziani. Dieci impertanto erano le chiese ivi esistenti, delle quali s. Eufemia, ch'è la parrocchiale e collegiata, fu la prima eretta verso la. metà del secolo x. Le altre vennero da poi in varii tempi erette; vale a dire, s. Biagio, che apparteneva a un monastero di Benedettine, ove prima era uno spedaletto, ricordato dall'autore del *Forestiere illuminato;* s. Giovanni, che ufficiata era da monaci Camaldolesi, soppressi, per decreto del senato, sin dal 1767; s. Giacomo, da padri Serviti, presso alla quale esisteva la picciola scuola fondata sotto gli auspizj di detto Santo, ove nell'anno 1260 ebbe umile origine la prima scuola grande di questa città; quella, cioè, di Santa Maria della Carità nominata (7); la Croce, ch'era per uso di monache Benedettine; ss. Cosma e Damiano, egualmente per Benedettine; la chiesa delle Convertite, che la regola di s. Agostino professavano; s. Angelo, che in antico serviva a uso di pp. Carmelitani osservanti; il ss. Redentore (8), ufficiata da pp. Cappuccini, contigua al cenobio de' quali v'ha una cappella disegnata dal cel. Sansovino, la quale per alcuni viene erroneamente creduta opera di Palladio; e la chiesa della pia casa delle Zitelle, nobile lavoro di quest'insigne architetto. Delle suddette chiese, tre sole vengono ora pubblicamente ufficiate; cioè, la parrocchiale, amministrata al presente con zelo in-

sieme e prudenza dal Reverendissimo Don Vincenzo Bognolo; quella del ss. Redentore; e l'altra delle Zitelle. La chiesa della Croce è a uso di quelli, che rinchiusi sono nella Casa di correzione. S.
Giacomo e s. Giovanni demolite furono, benchè
non destitute di pregi architettonici.(9); e le rima-
nenti chiuse sono e abbandonate. Vano sarebbe il
trattenermi su l'origine, su i rinnovamenti, sulle
particolarità sacre e profane, e su i dipinti celebri
di esse chiese e dei monasterj cui appartenevano;
là dove, oltre che sarei di soverchio prolisso, ne di-
scorrono già il Sansovino, il Cornaro, il Boschini,
il Zanetti ed altri antichi e moderni, nelle Guide
spezialmente; e con critica giudiziosa ne parlerà,
quando che sia, per quanto comporta il suo assunto, il ch. sig. Emmanuele Cicogna nella sua grande erudita opera delle *Inscrizioni Veneziane* (10).
Allo stesso modo però pensar non deggio circa il
tempio a Cristo Redentore sacrato; imperciocchè
la comun fama di questo edifizio speziosissimo fu
quella appunto, che m'innamorò, come sulle pri-
me ho detto, a stendere questi Cenni sul luogo, il
quale ha la bella sorte di contenerlo.

§. IX.

TEMPIO DEL SS. REDENTORE.

Afflitta era gravemente la città da contagioso morbo, quando, dopo di avere esperimentati inutilmente tutti i mezzi umani, si ricorse ai divini; e con la solita sollecita pietà deliberò il senato nel 1576, e fece solenne voto d'innalzare un tempio al Redentore del mondo, e di annualmente visitarlo (11), per questo che la sua infinita misericordia estinguer volesse, come avvenne già, un così terribile flagello. Grande fu l'afflizione; grandi per dominio e ricchezze, ma più per cuore, erano gli afflitti; Onnipotentissimo il Liberatore: un tempio adunque ergere si doveva corrispondente a un aggregato di tanto elevate circostanze. E su chi altri impertanto cader dovea la scelta a sì alta impresa, fuori del gran Palladio? Sembra che l'Eterno lo abbia serbato quaggiù sino a quell'ora, perchè desse compimento alla sua fama immortale con la costruzione di un tempio, e per la perfetta armonia delle parti, e per maestosa semplicità il più bello ch'esista. No, non è parto quello di opera umana puramente; l'intelligenza divina, che arrise alle pie magnanime intenzioni de' Padri, concorse al dise-

gno, governò la sesta dello architetto, e un tempio
fe' sì che surgesse, sarei per dire, degno in tutto
della sua Divina Maestà. Senz'anche penetrare ad-
dentro le ragioni dell'arte bella, qual uomo di animo non volgare all'osservarne la facciata, di cui
nulla fugge a un sol guardo, e poi l'interno e la tri-
buna segnatamente, gruppo di maraviglie, non ri-
marrà tosto intenerito e commosso, accorgendosi di
una dolce beata calma, da quell'augusto semplice
bello in sè discesa, per cui sembragli di riposare
poco men che nel regno stesso della vera e perfetta felicità? Non m'innoltro le bellezze particolari
a descrivere di questa sovraumana opera, stante-
chè, per tacer di altri meritissimi, non saprei che
replicare quello che, da maestro e a grande eleganza-
za, ne scrisse e rese di pubblica ragione il nobile
veneto Antonio Diedo, chiarissimo socio di quest'illustre Ateneo, e segretario f. f. di presidente dell'I.
R. Accademia di Belle Arti (12). Passo quinci a far
memoria delle case grandi e bene intese in fronte
all'isola, da patrizi a un tempo abitate, delle quali
le migliori facciate ci vennero fortunatamente man-
tenute in disegno dal soprallodato p. Coronelli (13);
e tanto ricorderò quelle che in piedi ancora sono,
quanto le distrutte, e in magazzini converse.

§. X.

PALAGI NELL'ISOLA.

E per serbar ordine, comincierò dalla punta di s. Giovanni, e proseguirò sino all'altra estremità dell'isola; senza però impegnarmi nello stabilire a qual ramo delle nominate famiglie la proprietà ne appartenga; quando il tentarlo portato avrebbe grande imbarazzo. La prima adunque di tali case, situata era ov'è ora improntato il civico n. 6, e abitata veniva dalla famiglia Vendramin. Poi, al n. 10, quella sontuosa vedevasi dei Barbaro, passata indi, per eredità, nella famiglia Nani, la qual casa adornata era di ricche e preziose suppellettili e pitture, per le quali i forestieri si recavano del continuo a visitarla; e pur ora in quel basso trasformamento un avanzo di dipinti scorgesi dall'umido guasti, e dalla polve del frumento imbrattati; siccome se ne veggono similmente nella casa, che a lato le sussiste ancora in gran parte, della famiglia Mocenigo, segnata del n. 20. Al n. 25 l'altra eravi della famiglia da Mosto (14). Al n. 61 la casa scorgesi, di buona architettura, della famiglia Minelli, in addietro della Macarelli. Al n. 93 alcuni avanzi sussistono di quella della famiglia Celini, passata nella da

Ponte; e lunghesso, la casa eravi dei Zenobio anticamente dei Moro. La casa della famiglia Cavalli era presso la chiesa del ss. Redentore al n. 207. Al n. 254 quella ravvisasi a un tempo della famiglia Foscolo, nel cortile della quale, affissa alla manca parete, una magnifica arma gentilizia vedesi della principesca famiglia Visconti, inquartata con quella della famiglia Sforza; e nel principio dell'orto, pure a sinistra, c'è la sola arma Visconti. Dicono che ivi abbia già dimorato un individuo di quella famiglia; e altri suppongono colà collocati quegli stemmi a trofeo di vittoria, riportata sopra i Visconti da un proprietario dello stabile. A me non ispetta il discutere ora sopra questo punto di storia, al quale spero che verrà data chiara luce dall'eruditissimo Cicogna nominato più sopra. Ora la casa è posseduta dai fratelli Baffo del fu Domenico: famiglia antica dell'isola, e tra le principali tenuta. Al n. 883 è ancora in essere quella maestosa, ch'era della cittadinesca famiglia de Franceschi (della quale uscì nel 1529 un Cancellier Grande), passata poi nella famiglia Donà, ed ora posseduta dal sig. Jacopo Pivato, il quale avvisatamente la fece di fresco tutta restaurare; e al 900 è pure in essere quella di antica nobile architettura, che proprietà era della famiglia Maffetti, prima che già qualche anno ne facesse l'acquisto

l'illirico sig. Antonio Ivansich accreditato mercatante. Al n. 9o5 la casa esiste della famiglia Gritti;
al 9o6 della famiglia Grimani; e non molto lonta-
no dal monistero di s. Biagio, al n. 9o8, eravi un'altra casa magnifica della famiglia Vendramin, che
dicono disegnata fosse dal Sansovino, la quale da
prima (così nel *Forestiere illuminato*) non era che
un casino di delizia del doge Andrea Vendramin;
e ancora una leggiadra fabbrica sussiste, che serviva di prospetto al giardino, la quale, dalle due an-
tiche ale che sono in piedi, si viene a conoscere
ch'era tutta eseguita sopra disegno del Palladio (15):
se non che, per ordine di Nicolò Vendramin procurator di s. Marco, di Andrea figlio, nell'anno
163o, come si apprende dall'epigrafe sovrapposta,
venne la loggia, che sta nel mezzo, sul gusto di
que' tempi rifatta. Sparse poi nell'interno dell'isola molte altre ampie case di famiglie patrizie e cit-
tadinesche vi erano, ed alcune sussistono tuttavia,
sulle quali tralascio di tener discorso, per non re-
care infruttuosa noja a chi legge. Nulladimeno non
voglio passar sotto silenzio che a ss. Cosma e Damiano, al così detto riello, innalzar volevasi dalla
famiglia Badoer una casa ben grande, di cui le so-
lide fondamenta sono, per eredità, passate nella famiglia Tiepolo; e la fabbrica sovrappostavi porta
ora il n. 85o.

§. XI.

SUE GLORIE LETTERARIE.

Oltre a questi ornamenti tiene altresì l'isola onorato luogo ne' fasti della veneziana letteratura; il che per molti esempi daremo a conoscere. Nell'anno adunque 1484 il dottissimo Ermolao Barbaro, figliuolo di Zaccaria cav. e procurator di s. Marco, essendo nell'anno trentesimo della sua età, aprì in sua casa, situata ove ho indicato, un'accademia privata di filosofia, alla quale, ne' due anni che sussistette, concorrevano in folla di buon mattino i migliori ingegni, che a Venezia fossero (16). Passata poi la casa, come ho detto più sopra, nella famiglia Nani, i chiari uomini di essa presero di pur soggiornarvi, tra' quali il celebre istoriografo della repubblica, che, ad esempio del Barbaro e di tanti altri suoi concittadini illustri, nella seconda metà del secolo XVII v'instituì un'accademia intitolata de' Filaleti (amici della verità), ove la filosofia naturale coltivavasi e la botanica; il perchè, domicilio delle Muse nomina quella casa il cel. march. Scipione Maffei nella *Verona Illustrata:* e con ottimo accorgimento l'ab. Vincenzo Zenier, rettore benemerito della chiesa di s. Tomma-

so ap., fece affiggere sulle reliquie della parete ester-
na una lapide con latina inscrizione, che rende av-
visato il passaggiero a rimirar quel sito con animo
riverente. Nell'isola ebbe del pari seggio verso l'anno 1675 l'accademia de' Separati; così nomata, perchè composta veniva di una porzione dei membri
dell'accademia degl'Interessati, ch'esisteva in Murano. Per impresa innalzarono gli accademici una
nave, che varca il mare a vele gonfie col motto: *Di-
scessisse juvat*, allusivo già alla loro separazione.
L'accademia de' Nobili venne ivi eretta nell'anno
1619 nello stabile segnato ora dal civico n. 682, al
quale non era che un luogo di educazione, ove dalla pubblica munificenza mantenuti venivano, fino
all'età degli anni venti, quarantasei patrizi di male
agiate famiglie, ed educati con attenta sollecitudine nelle scienze e nelle lettere dai Cherici Regolari
Somaschi, i quali, col loro bel metodo d'instruire,
consegnarono non di rado alla patria dei costumati
ed onorevoli gentiluomini. In essa, nell'isola, presso ai Claustrali, librerie non volgari anche furon-
vi; delle quali era in maggior pregio quella de' pp.
Cappuccini, accresciuta co' libri di Tommaso da
Ravenna chiarissimo filologo dell'età sua (la quale, nella general soppressione dei conventi nelle
provincie venete, incontrò già la sorte delle altre
fratesche librerie); e ancora sopra la porta della

nuova libreria si vede rimasto il busto del sud-
-detto filologo. Un museo insigne colà altresì mo-
-stravasi nella casa Vendramin a s. Giovanni situa-
-ta, ordito esso da Gabriello Vendramin, continua-
-to dai suoi figliuoli o nipoti, e condotto a rinomanza da Andrea, *nel quale* (così il cel. doge Marco Foscarini, *Lett. Venez.*) *con raro esempio si
mantenne l'erudito genio degli avi;* e se di questo museo ivi tenuto non si sapesse per memorie
scritte, lo si desume dall'essersi discoperto nell'anno 1824, nello svolvere il terreno ov'era il giardino piantato, un frammento di antichità, consi-
stente in una faccia di sarcofago greco pagano,
che ora possiede l'erudito sig. Davide Weber. Nè
scarsa gloria dell'isola è lo avervi tenuto stanza
per alquanti mesi, come si ha dal Varchi nella
Storia Fiorentina, l'immortale Michelangelo, allora che, nell'anno 1529, abbandonò Firenze, per
aver sentito che fra pochissime ore sarebbe stata
tutta nella potestà de' Medici. Recano troppo onore
alla mia patria le voci con cui il celebre storico
racconta il fatto dell'arrivo, perchè non abbia io
a pretermetterle. Eccole da me fedelmente trascrit-
te: „ Il qual Michelagnolo arrivato che fu a Vine-
„ gia, per fuggir le vicite, e le cirimonie, delle quali
„ egli era nimicissimo, e per vivere solitario, secon-
„ do l'usanza sua, e rimoto dalle conversazioni, si

„ ritirò pianamente nella Giudecca, dove la Signo-
„ ria, non si potendo celare la venuta d'un tal uo-
„ mo in tanta Città, mandò due de'primi Gentiluo-
„ mini suoi a vicitarlo in nome di lei, e ad offerir-
„ gli amorevolmente tutte quelle cose, le quali,
„ o a lui proprio, o ad alcuno di sua compagnia
„ bisognassono: atto che dimostrò la grandezza,
„ così della virtù di Michelagnolo, come dell'amo-
„ re di quei Magnifici, e Clarissimi Signori alla
„ virtù ". E quante volte i lieti e verdeggianti orti
della Giudecca non furono essi spettatori di letterati da molto, che, o a pian passo e pensosi ne pas-
seggiarono i viali opachi, o assisi si stettero sotto
fronzuto arbore, onde in quell'alto silenzio, e al
correre alla vista di quegli oggetti innocentemente
vaghi, più pronte e limpide richiamare alla mente
le idee! L'orto di s. Giacomo spezialmente vel dica, dove tal volta a ragionare tra loro, o a recitare
componimenti raunavansi que' pronti ingegni in
uno e spiriti allegri, che l'accademia de'Granelle-
schi componevano; e dove un Natale Lastesio nella state del 1785 diè forma a due canti di un poe-
metto nuziale, che non finì poi colà, perchè acco-
miatato venne dall'ortolano, timoroso del padrone
scortese (*Lett. Lastesio, facc.* 284). Siccome poi
raro pregio di una città, di un sobborgo, o di qual-
sivoglia altro luogo quello è di poter vantare la na-

scita di uomini illustri; egli è impertanto che ne
accennerò in prima tre di quell'isola non vetusti,
suggeritimi gentilmente dal chiariss. monsig. Mo-
schini; e sono, l'ab. Giuseppe Chiribiri, chiamato
Cherubini, l'ab. Pietro Gerlin, e monsig. Bacolo ve-
scovo di Cattaro, poi professor di eloquenza a Ro-
ma. Sono già conosciuti, dai Veneziani segnatamente, i meriti letterarj di questi suggetti, esposti anche, quanto ai due primi, dal soprallodato monsi-
gnore nella sua Opera *Della Letteratura Veneziana
del secolo XVIII.* onde non abbia io ad occupar-
mene in questi cenni. Di molto in addietro conta
altresì la Giudecca un suo parroco, che si manife-
stò colto nell'amena letteratura, datomi a conoscere dal nostro valente socio ab. prof. Dezan: questi
è Melchior Bevilacqua, il quale nell'anno 1622
diede fuori un'Orazione per nozze co' tipi dei Va-
rischi. Nativi, finalmente, dell'isola, e ascritti po-
scia ad altre chiese parrocchiali di questa città, sono i Reverendiss. Signori Girolamo Manera, mio
padrone e amico cordialissimo; e i fratelli Giam-
batista e Giuseppe Trevisanato, professori in quest'illustre Seminario patriarcale; su i meriti de' quali
tre egregi e dotti sacerdoti io mi taccio, per non
offendere la loro singolar modestia.

§. XII.

CONDIZIONE PRESENTE DELL'ISOLA.

A compimento del mio tema anderò ora ac-
cennando. i pubblici stabilimenti, che nell'isola
sono, gli orti e giardini, e per ultimo i magazzini,
le arti meccaniche, le officine e altri privati luoghi
d'industria. Non mi occuperò in questo del passato, e perchè impossibil cosa ella sarebbe lo usar
precisione nel racconto, e perchè può già ciascuno
di per sè immaginare, che quando avea vita il veneto Governo, e che l'isola era abitata da circa ot-
tomila persone, andava imperciò essa maggiormente provveduta di botteghe, di negozi, di artieri e di
tutto ciò che a tanta popolazione abbisognar poteva. Ci avanzeremo dunque a dire sommariamente,
che il pio luogo conservavisi, che raccoglie le ra-
gazze orfane di civil condizione, detto delle Zitelle. Esservi un cenobio di Cappuccini (ripristinato
nell'anno 1822 dalla pietà e munificenza di CESARE
nostro adorato Sovrano, con viva festa degl'isolani),
i quali Religiosi non solo ufficiano esemplarmente
la chiesa del ss. Redentore, ma di ajuto sono al
parroco, e soccorsi prestano spirituali e temporali
agl'indigenti. Un ufficio filiale politico con appo-

stamento militare soprantende all'isola, governato
esso ufficio da un Commesso dipendente dall'I. R.
Commissario politico del sestier di Dorsoduro;
e quest'impiego sin dalla sua institazione viene
sostenuto dal sig. Antonio Ferretti con molto sod-
disfacimento delle autorità superiori. La Casa di
correzione, stabilimento grandioso, è situata ov'era
il monastero della Croce: ad essa presiede un ap-
postamento militare; ed è governata da un Diret-
tore e da un Aggiunto. Un quartiere di pompieri
non manca, com'era ben ragionevole a supporlo,
senza che il dicessi. Al n. 357 ecci uno spedaletto,
ovvero ospizio, per dodici povere vedove dell'isola, ciascuna delle quali ha un picciolo mensuale as-
segno, eretto esso nel 1316 da un certo Pietro Bru-
stolato, sotto la denominazione di *Ospitale di s. Pietro:* circostanza della quale io sarei stato all'oscu-
ro, senza i lumi, che me ne porse il più volte da
me lodato Emm. Cicogna. Poi due spedali civici,
per servir di ausilio al grande spedale situato a ss.
Giovanni e Paolo; e già nel 1816 quello ch'è formato del monastero di s. Biagio raccolse gli af-
fetti dal tiffo: l'altro è situato dove il monastero vedevasi delle Convertite. Una caserma militare pur
havvi, formata del monastero dei ss. Cosma e Damiano, oggidì occupata dal quinto battaglione di
guarnigione. Nè deggio qui omettere esserci una

farmacopea; e già egualmente che nelle altre parrocchie, medico, chirurgo e levatrice. Quattro sono i così detti Capi di contrada; due scuole elementari vi sono per ambo i sessi. Dalla parte di s. Giovanni trovasi un ampio campo, formato per la devastazione di case, orti e giardini, il quale dal cessato regime italico volevasi ridurre a piazza di armi, col titolo di Campo di Marte; se non che, ora è in gran parte reso a coltivazione. Sonovi poi in tutta l'isola quarantasei ben coltivati orti, tra'quali di vastissimi, e sette giardini, senza ch'entrino in questo numero i piccioli orti a molte case annessi; e questi orti e giardini, che più di tre quarti occupano del suolo dell'isola, condiscono in ogni tempo gran parte della città.

§. XIII.

DISPOSIZIONE E PRODOTTI DE' SUOI ORTI.

Ora, non sarà certamente un deviare dal proposito, se mi farò a discorrere sull'ordine e sulla coltivazione dei testè nominati terreni. Tacerò di quelli a giardino composti, perchè si sa che i bene accomodati differenti fiori, l'erbe aromatiche od odorose, gli arbusti, gl'ingegnosi gruppi ed intralciamenti han luogo soltanto ne'giardini; e questi

dai Veneziani antichi (che conto grande facevano
di tali piaceri tranquilli) venivano quasi tutti ornati
di assai piante forestiere rarissime, con somma diligenza addomesticate, e non a solo diletto dell'occhio tenute, ma a studio principalmente della botanica; e la memoria di non iscarso numero di sì
fatti giardini, i quali la città adornavano e allegra-
vano, non che l'isole dell'estuario, e la Giudecca
spezialmente, ce l'ha conservata il Sansovino (*l. c.*)
ed i suoi continuatori. Dei giardini adunque non
terrò parola; ma m'industrierò io bensì a far conoscere la disposizione degli orti maggiori, tanto
graziosamente celebrati dal Goldoni per entro le
sue commedie immortali; ed i frutti e gli erbaggi,
mostrerò eziandio, che vi allignano in tutti principalmente, e saporiti riescono. E quanto alla
disposizione, visto che s'abbia un orto, si acqui-
sta di tutti la conoscenza; imperciocchè hanno
egualmente due, o tre, od anche quattro lunghi
stradoni, che conducono alla laguna, coperti da viti a pergola, sostenute da pertiche di salice, le
quali per solito cambiate vengono di tre in tre anni. Tra uno e l'altro stradone c'è un largo spazio,
ove sono formate le platee, lavorate a vanga e a ra-
strello, che le piante fruttifere artatamente acco-
modate contengono e gli erbaggi. Due o tre orti
solamente, a vece di lunghi stradoni, contornati

sono da viti a pergola; sicchè servir possono ad
uso di cavallerizza, come fu già alcuna volta. Separati uno dall'altro sono essi orti da muraglie, e di
rado da siepi, le quali muraglie sono poco meno
che da per tutto coperte ove di frutti, ove del sempre verde alloro, *Onor degl' imperadori e de' poeti,*
e ove di altra verzura. Negli angoli poi s'innalzano
per lo più que' mori, che per molti giorni forniscono
la città di un frutto grazioso e salutevole. Varie sorta
di uva vi sono, ma la maggior parte da vino comune,
il quale riesce debole, a motivo che il terreno è alquanto leggiero; e quindi nella stagione estiva facil-
mente acetisce. Degli altri frutti diversi, che piantati
vi sono, riescono assai bene le prugne, delle quali
i comunemente detti da noi verdacci, e zucchette
imperiali. Se non che il frutto, che di ogni sua
spezie vi abbonda veramente, e che soave torna al
palato, è il fico; e ciò deriva dall'amar esso i luoghi marittimi, e dall'essere i terreni rivolti al mezzogiorno, e difesi per le fabbriche dagl'insulti della
tramontana. Per le stesse ragioni bene allignano
i carciofi, che vengono dal cardo; del qual pro-
dotto ricavano gli ortolani molto profitto; siccome
non poco ne ricavano dai piselli primaticcj. Da poco in qua vi hanno introdotto mellonaj, ed i mel-
loni, chiamati rampeghini, fanno buona riuscita.
Parimenti vi si trovano adesso sparagiere, che som-

ministrano asparagi grossi molto e dolci, da non te-
mere il confronto di quelli delle migliori sparagiere
di terraferma. Erbaggi poi te ne porgono gli orti
della Giudecca quanti coltivar felicemente si possono sotto il nostro clima. Di là adunque cavoli dol-
cissimi di tutte le qualitadi; di là sedano; di là fi-
nocchio; di là la salubre cicoria; di là, per ultimo,
le altre erbe gentili, con le quali quelle insalatine
si formano tanto dilettevoli di state spezialmente.
Per uso proprio poi quegli ortolani inquilinj trovano d'interesse lo seminare sorgoturco eziandio, fa-
gioli e altri legumi. Alla mia propensione pegli orti
si condoni l'averne io discorso più minutamente
forse di quello che qui conveniva, e mi si conceda
insieme di dar termine allo stato in cui si attrova
ora l'isola, con che avrà pur fine questa diceria.

§. XIV.

PROSEGUIMENTO DELLA CONDIZIONE PRESENTE
DELL'ISOLA.

Dugento circa sono i magazzini per uso di merci e biade principalmente; i quali non erano in così gran numero prima della demolizione di palagi e di case moltissime. V'ha quattro fornaci; tre delle quali per calce e tegole, e una da pece. Havvi una ceraria. Una fabbrica chimico-technica c'è anche, piantata al n. 829, dove a un tempo alcuni nobili veneziani, ed altre civili persone (ed il palco che circonda la terrena sola il rafferma) davano accademie di musica; ed ove veggonsi tutt'ora sussistere alcuni avanzi di be' dipinti a fresco, gelosamente guardati dal soprannominato sig. Weber, della fabbrica posseditore; il quale, nell'orto della fabbrica stessa tiene, in bell'ordine disposte, buon numero d'inscrizioni in marmo, salvate, con suo gran merito, nella demolizione di templi, e di altri edifizj. A levante, in faccia a s. Giorgio Maggiore, vedesi un cantiere da bastimenti, dove si construiscono anche barche a vapore; e fucina evvi all'uopo, da artieri inglesi tenuta; otto sono i fabbricatori di corde, per servire spezialmente al sartiame

delle navi mercantili, i quali in passato ascendevano a venti e più; due le officine da tele servienti
alla marina mercantile; sette i luoghi dove si con-
ciano pelli, dette comunemente scorzerie, comprese
le concie privilegiate delli signori Alvise Baroni,
Giuseppe Gerlin e Marco Gardin; e queste concie,
che prima dei fatali sconvolgimenti sino a venti-
quattro ascendevano, erano ereditarie nelle famiglie, e somministravano ad esse di che vivere agia-
tamente; a tal che alla Giudecca bastava il dire il
tale è Scorzere, onde qualificarlo per uomo facolto-
so. Due sono i venditori di tabacchi al minuto; c'è
una Ricevitoria di lotto; diciotto sono le botteghe
da commestibili; undici le bettole, ovvero luoghi
ove vendesi vino al minuto; due pescivendoli; otto
le da noi dette trattorie, e due botteghe da caffè.
Due negoziucci di refe trovansi; tre falegnami; un
fabbroferrajo; un muratore; nove tra calzolai e cia-
battini, e tre barbieri; tre i tragitti sono di battel-
li, e a un tempo altrettanti ce n'erano di gondole;
finalmente, vi sono da dugento barcajuoli.

§. XV.

CONCLUSIONE.

La general descrizione è questa dell'isola della Giudecca, tanto nomata pel tempio impareggiabile, che a Dio Redentore vi sta innalzato; la quale, e per questo vanto singolarissimo, e pe' molti suoi ornamenti e pregi, de' quali son venuto finor parlando, meriterebbe che con istudio illustrata minutamente venisse da penna più erudita ed elegante, che non è la mia. Tuttavolta porto fidanza che il lavoro, quantunque ombreggiato soltanto, sia per essere favorevolmente accolto, siccome quello che si potrà riguardare quale eccitamento a miglior opera, ed in qualche parte eziandio renderla più spedita.

ANNOTAZIONI

(1) Persona di gran credito nella repubblica letteraria mi avvisò ricordarsi di aver egli veduto indicata un'operetta a stampa, stesa in ottava rima, circa l'isola della Giudecca; il che mi venne confermato da altri, aggiugnendo che porta essa per titolo: *La villeggiatura della Giudecca.* Questo titolo, e la poetica dettatura mi portano a credere che si aggirerà intorno all'amenità del soggiorno soltanto, e ai divertimenti e piaceri, che colà gustavansi, e quindi non del tutto necessaria al presente mio lavoro; ciò non ostante ho usata ogni diligenza per rinvenirla, ma senza pro.

(2) Anche il sig. Angelo Sasso, architetto di non volgare ingegno, umiliò a Sua Altezza I. R. Vicerè nostro (saranno otto o dieci anni) un progetto di ridurre la Giudecca a luogo di delizie, e giardini reali, e di unirla al pieno della città per via di ponte marmoreo; nel qual progetto, oltre che indicare, con precisione e chiarezza, il modo di eseguirlo, presenta altresì i mezzi di risarcir l'erario della spesa, nel giro di pochi anni.

(3) Sorregge questa mia credenza il trovare che appunto di quelle famiglie nell'isola dimoravano, le quali nella mercatura maggiormente si segnalarono, e per essa transricchirono: tali Vendramin, Nani, Mocenigo, Da Mosto, Grimani, Gritti; anzi al cel. Andrea Gritti, eletto poi a doge della repubblica nell'anno 1523, venne intitolata (come si ha dallo Zeno, *Diss. Voss. T. I. facc.* 240) la seguente opera,

dandogli qualità di mercatante rinomato: *Splendido ac praeclaro Viro Andreae Gritti in Costantinopoli mercatori celeberrimo P. V. Vita Fl. Valentis Costantini ob ejus animi magnitudinem dicata.* Che nell'isola le suddette e altre patrizie famiglie facessero dimora, non v'ha chi ne dubiti; tuttavolta, a maggior conferma, non voglio fare a meno di dire avere io trovato in una supplica, umiliata nel 1552 all'Eccel. ex Consig. di Dieci da un individuo della mia famiglia, che un Paolo Vendramin soggiornava alla Giudecca: *Per tanto* (così nella supplica) *io Zuan Lodovico Battaja con ogni humiltà, et reverentia, oltra li meriti di tutti li miei, per la morte che fece signanter un mio figliuolo nominato Girolamo di anni vent'uno nel 1537, nell'impresa di Ebrovazzi, il quale combattete valorosamente alla espugnation della Rocca del ditto Castello, dove restò ferito di tre ferite, come da molti suoi patricij, che furono a quell'impresa gli può esser fatto fede, el qual mio figlio era nobile con Messere Paulo Vendramin dalla Zuecca valorosissimo gentilhuomo, et Governator di Galia, per la morte del quale io da buon Cittadino, et amorevole Servitore di questo Ill.mo Stado non dimandai mai cosa alcuna; supplico l'Ill.me Sig. Vostre genibus flexis, che per giustizia primo, ec. ec.*

(4) Il Temanza, nella sua erudita Dissertazione sopra un'antica pianta di Venezia delineata circa la metà del secolo XII, da lui pubblicata nel 1781, conghiettura che il nome di Giudecca dato all'isola abbia tratto origine da un luogo di Costantinopoli denominato *Judeca,* perchè allegato esso in certa carta di donazione (pubblicata dal senat. Flaminio Cornaro) del doge Vitale Falier, fatta nell'anno 1090 al monastero di s. Giorgio Maggiore. Debolissima sembrami la conghiettura, e formata più per voglia di piatire, che di

ammettere l'opinion più probabile; a principal sostegno della qual conghiettura porta egli in campo, che prima del 1516
Ebrei non ebbero mai fermo ricetto in Venezia; ma che abi-
tavano qua e là ove più loro piaceva. A questa sua pretesa
prova ho già risposto in fine del paragrafo; e serve ella anzi
di amminicolo alla mia opinione. Corre poi un'altra conjettura circa l'etimologia della voce Giudecca, ed è, che abbia
essa voce principio da Zùdaga, che in antico presso noi espri-
meva sentenza; per la sentenza appunto, con la quale alle
due rivali famiglie (così scrivono) de' Flebanici e Calopri-
ni vennero assegnati alcuni stabili in quell'isola, a vece dei
confiscati pel loro mal procedere. A questa, mi si permetta il
dire, stiracchiata conjettura, non ne oppongo che una sem-
plicissima. Zùdaga, io dico, nell'antico rozzo vernacolo veneziano si sarà chiamata l'isola (se in fatto ebbe mai un tal
nome) quando Ebrei cominciarono ad abitarvi; e Zuecca
poi, allora che si è reso più colto il dialetto. È da vedersi
anche il nostro gentiluomo Bernardo Trivisano, *della Laguna di Venezia*, alle facc. 53 e 59 dell'edizione 1718, ove
lasciò alcune memorie intorno allo antico stato della Giudecca. Non però sull'etimologia del nome discorse; imperciocc-
chè quel gran filosofo non si occupava di congetture.

(5) Pochissime erano le fabbriche di pregio, che ne'vetusti tempi della repubblica agli ottimati appartenessero; e
ciò procedeva non da scarsezza di valenti uomini, che fabbriche cospicue sul gusto di que' tempi ergessero; imperciocchè il tempio di s. Marco, il suo campanile e l'ex ducale
palazzo ci fan fede che ve ne fossero: nè perchè mancasse ai Veneziani danaro a tale uopo; chè anzi, per via del commercio,
e chi nol sà? doviziosissimi erano: nè perchè la letteratura
ignorassero; già noto essendo che sin dal secolo X. pubblici

maestri qui erano d'umane lettere: nè finalmente, perchè le
arti belle trascurassero; là dove è manifesto che sin dal secolo XIII un' accademia di dipintori avea qui esistenza: ma
sì bene questa penuria derivava da una cagione di grande
virtù; ed è, che quanto opulenti e magnifici dar essi a conoscere si volevano allora ne' pubblici edifizj, altrettanto mo-
derati e modesti generalmente erano ne' privati. Ridotto poi
a meno, per le note cause, il commercio veneziano nel decli-
nar del secolo XV; anzi cessato del tutto nella classe de' nobili; e quasi nel tempo stesso pervenute fortunatamente essendo in Italia alla maggior chiarezza le lettere e le arti belle, si diedero quindi i nostri con maggior calore di prima a
coltivarle e proteggerle; acquistando così un nuovo tranquil-
lo imperio, in luogo del perduto sul commercio. Egli è im-
portanto che i famosi letterati, e gli artisti celebri, sì nazio-
nali che stranieri, trovarono più che mai in Venezia copia
di splendidissimi mecenati, che, spalancati gli scrigni, tesori
a gara versarono per tenere esercitate le loro eccelse virtù,
e farle ognor più vivamente risplendere. Di qui adunque
tante opere in ogni facultà insigni, che la repubblica letteraria onorano; di qui infinite opere di pennello maravigliose,
che alla città lustro procacciano; di qui opere stupende di
scarpello; di qui opere non meno stupende in bronzo; di
qui stucchi pregevoli; di qui musaici eccellenti; di qui l'arte della stampa a perfezione portata; di qui l'arte del buli-
no con gloria messa in opera; di qui, per ultimo, l'arte architettonica fatta emula, per le tante nostre cospicue fabbriche, dell'antica greca e della romana; il qual vanto mi por-
tò senza esitanza ad affermare, che sì fatte fabbriche rendo-
no chiara testimonianza dello avere i Veneziani coltivati e
favoriti i bei studi; già indubitata cosa ella essendo che le
scienze e le arti belle hanno fra loro una necessaria connes-

sione; il perchè in ogni nazione andarono esse sempre mai
unitamente soggette alle medesime vicissitudini, prospere
talora e talora avverse.

(6) Tutto il canal grande, non che la chiesa e la piazza
di s. Marco si trovano ora diligentemente rappresentate in
molte tavole rilevate ed incise da Dionisio Moretti, per cu-
ra dell' erudito sig. Antonio Quadri segretario dell' I. R. Governo di Venezia; il quale vi aggiunse del suo descrizioni
esatte ed osservazioni. Sperasi che il detto Signore si pren-
derà la stessa sollecitudine anche pel canal della Giudecca.

(7) Da questa origine derivò prima, che la detta scuola grande si recasse ogni anno processionalmente, nel giorno di s. Giacomo, a visitare la chiesa di questa confraterni-
ta; e poi, che due dell' isola avessero diritto di esser di essa
scuola grande confratelli, benchè non fossero cittadini ori-
ginarj (come lo statuto della scuola richiedeva), sostenen-
do alternatamente in perpetuo la carica di Degano di tutto
anno. Altri carichi di scuola non potevano essi avere. Negli
anni ultimi di sua durata vi erano ascritti un individuo della famiglia Baffo, ed un altro della famiglia Calzavara.

(8) Sul pavimento della piazza di questo tempio il cel.
prof. Bernardino Zendrini desiderava di scolpire una pubblica Meridiana, siccome situazione quella da lui trovata a
ciò opportuna; e avrebbe forse anche eseguito il suo disegno, se nell' anno 1747 non foss' egli mancato di vita. Vedi
il suo elogio steso dal ch. ab. prof. Angelo M. Zendrini.

(9) Sul suolo, ov' era il tempio a s. Giacomo dedicato,
si vedono ancora ritte due gran colonne di marmo rosso di

Verona, d' ordine composito, lodate per la loro grandezza
dal Sansovino (*Venez. Descr.*).

(10) Quantunque mi sia proposto di non discorrere su
i celebri dipinti dell' isola, tuttavolta non posso a meno di
non accennare che nella sagrestia de' pp. Cappuccini, rin-
chiuso in un armario, c' è un pregiatissimo quadro del cel.
Giovanni Bellino, rappresentante Maria Vergine, Gesù Bambino e due Angioletti in atto di suonare il chitarrino; e
che nell' antica chiesetta dei detti RR. PP., intitolata Santa
Maria degli Angeli, v'ha un altro lavoro insigne del soprallodato dipintore, con gran gelosia custodito, il quale reca
innanzi Maria Vergine col Bambino Gesù, s. Francesco col
segno delle stimate e s. Girolamo. Accennerò altresì conser-
varsi in quel cenobio un antico battisterio di marmo greco,
il quale, dai caratteri dell' epigrafe, che vi sta incisa, si
tiene per opera del principio circa del secolo XII.

(11) Siccome questi cenni saranno comodi ai forestieri
spezialmente, e ai Veneziani che verranno dopo di noi, quindi noterò che nella vigilia di questa annua sacra solennità
sta in festa gran numero di persone, che all' isola concor-
rono per via di provvisorio ponte, che dura trenta ore circa.
Colui che un' esatta ed elegante descrizione amasse leggere
tanto della sacra solennità, quanto del popolo allora festante,
ricorra all' *Origine delle Feste Veneziane di Giustina Renier
Michiel*, cultissima dama nostra, e di ottimo cuore, defunta
piena di anni, pochi mesi sono, con universale spiacimento.

(12) Vedi *Fabbriche più cospicue di Venezia misurate,
illustrate ed intagliate dai membri della Veneta Reale Accademia di Belle Arti. Ven. Alvisopoli, 1815-20, in fol. mass.*

(13) *Palazzi di Venezia e di Murano.* Sei sono le facciate di palazzi alla Giudecca conservateci in questa opera dal benemerito p. Coronelli; quella, cioè, del palazzo Nani, quella del Mocenigo, del Cavalli, Moro, Donà, e dell'Accademia, o sia Collegio dei Nobili.

(14) Quantunque queste quattro maestose case successivamente poste fossero, tuttavolta i numeri da me notati non sono progressivi, per la ragione che ognuna di esse tramutata venne in più magazzini, i quali portano separatamente il loro numero.

(15) Questa fabbrica palladiana (alla quale si si approssima entrando per la porta marcata dal numero 911) ho trovato indicata nel *Forestiere illuminato.* E ch' essa sia del Palladio mi fece certo tanto il nobile ed egregio Antonio Diedo da me lodato al paragrafo IX, quanto il non meno egregio sig. Francesco Lazzari ch. professore di architettura in questa I. R. Accademia di Belle Arti; i quali con somma bontà, ed altrettanta gentilezza, aderendo a'miei prieghi, si recarono con me insieme ad esaminarla. Ora io desidero che disegnata venga e messa in luce: ma più ancora mi stringe desio che i nobilissimi ed egregi possessori di essa, e a onor dell'autore, e a maggior decoro della patria, la facciano restaurare, e attentamente la tengano nel suo essere.

(16) *Zeno, Dissert. Voss. T. II, facc.* 369 *e segg. Agostini, Scrittori Veneziani.*

31 DE 60

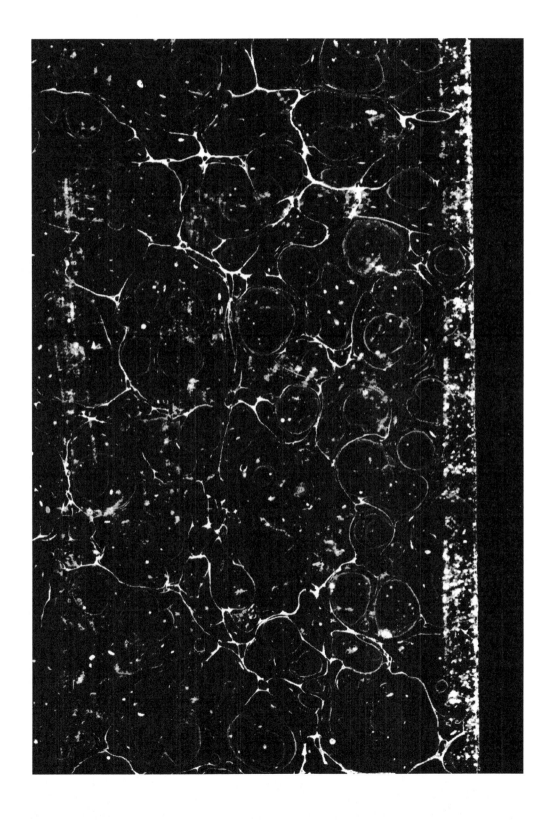

CPSIA information can be obtained
at www.ICGtesting.com
Printed in the USA
LVOW01s1159120417
530560LV00004B/89/P